En mi familia

Faridah Yusof

En mi familia, mi mamá trabaja fuera de casa.

En la familia de Lan, su **madrastra** trabaja en casa.

3

En mi familia, mi hermano me acompaña a la escuela.

En la familia de Ben, su **abuela** lo acompaña a la escuela.

En mi familia, mi papá hace la cena.

En la familia de José, su **hermana** hace la cena.

7

En mi familia, mamá, papá y yo leemos un cuento juntos.